Vorkurs Rechnen

Das Klassenzimmer 1-2-3

Zahlenreime und Mengenbegriffe als erstes Rechentraining in Vor- und Grundschule

von Vera Katterl

Stolz Verlag
Edition Lendersdorfer Traumfabrik

www.stolzverlag.de

Vorschläge zum Einsatz der Blätter:

- Zahlenbegriff an der Umgebung verdeutlichen. Im Klassenzimmer suchen wir Gegenstände, die in dieser Menge vorhanden sind; wir zeigen auf Körperteile, lassen mit Klötzen und Steckwürfeln spielen.

- Die jeweils passende Anzahl von Punkten wird ausgemalt. Dabei wählt das Kind seine eigene Struktur – es sollte jedoch bei dem gewählten Schema bleiben!

- Ausmalen der jeweiligen großen und der kleinen Ziffern. Das Ausmalen erfolgt entweder flächig oder mit Muster. Malen trainiert die Feinmotorik der Hand.

- Die Kästchen werden gefüllt. Dabei lassen wir uns Zeit. Hilfreich ist, wenn das Kind beim Schreiben den Namen der Ziffer immer wieder leise spricht.

- Den Reim vorlesen und gemeinsam mit den Kindern sprechen (akustische Verbindung schaffen), dabei die Aufmerksamkeit auf den Zahlenbegriff lenken. Bild ausmalen.

- Was gibt es in der betreffenden Menge? Hier tun sich kreative Situationen auf. Was offensichtlich nicht stimmen kann, löst Heiterkeit aus. Wir achten auf Gruppendisziplin: Das Zuhören ist eine gute Konzentrationsübung. Der Lehrer bemüht sich um gute Artikulation, spricht lebendig und würzt mit einer Prise Humor. Die Kinder bemühen sich um Zurückhaltung. Sie warten, bis sie zum Sprechen aufgefordert werden, denn die zurückhaltenden Kinder bzw. jene, die langsamer denken, sollen auch eine Chance bekommen!

- Die Reime vorlesen und im Kreis „herumreichen" (nachsagen). Auswendiges Nachsprechen dient der Schulung des Denkens. Gedichte sind durch ihren Rhythmus und Sprachwitz gut geeignet, um Zahlenbegriffe festigen zu helfen.

- Im übrigen sei gesagt: die Vorbereitung auf den Mathematikunterricht kann gar nicht spielerisch und praktisch genug sein! Bewegungs- und Spaßspiele sind gerade in der Vorschule und während der ersten Schuljahre hilfreich.

Viel Freude wünscht

Vera Katterl

Hallo, Du lieber Erwachsener!

Wusstest Du, dass ein Kind, das nicht rückwärts gehen kann, auch nicht zählen kann – nicht einmal vorwärts? Und dass jemand, der keine liegende Acht zeichnen kann, Probleme hat mit den Grundrechenarten?

Raumerfahrungen sind von grundlegender Bedeutung für das Rechnen. Es ist eben nicht dasselbe, ob ich oft vor dem Computerbildschirm sitze und mich mit einem Mathe-Förderprogramm beschäftige, oder ob ich mit meinen Freunden draußen herumtolle, Fahrrad fahre und auf Bäume klettere. Das Links und Rechts, Oben und Unten, Hinten und Vorn erfahre ich nur mit meinem eigenen Körper, durch Bewegung. Je mehr Geschicklichkeit ich entwickle, desto leichter wird mir das Rechnen fallen! Die Vorstellungsfähigkeit der räumlichen Welt kann durch Mathe-Förderunterricht nicht wirklich erzeugt werden. Deshalb beuge bitte vor und gib mir die Möglichkeit, so viel wie möglich zu spielen. Schaffe die Voraussetzung, damit ich mich in dieser Welt entdeckend bewegen kann! Mach dir nicht zuviel Sorgen um mich, denn meine Geschicklichkeit wächst ohne Dein Zutun, wenn du nur Vertrauen in mich setzt!

Übrigens kann ich auch nur im Spiel das Vorher und Nachher erkunden, das heißt: die Zeit. Gib mir Eigenverantwortung, und ich werde rasch Fortschritte machen! Lasse mich meinen Schulweg alleine machen, dabei lerne ich mehr als in hunderten von Nachhilfestunden. Sind erst einmal die Grundlagen des Rechnens durch Raumerfahrung vorhanden, werde ich die Aufgaben im Mathe-Unterricht leicht und schnell begreifen. Die vorliegenden Arbeitsblätter bereiten das Abstraktionsvermögen vor. Besonders freue ich mich auf die Reime und Spiele! Du auch? Rechnen hat auch mit Rhythmus zu tun.

Danke, dass Du mein Anliegen ernst nimmst,

Deine

Nadine

P.S.: Ich bin auf dem Foto rechts außen!

Name:

Male einen Punkt aus!

Da liegt ein Schuh,
so ganz allein.
Wo mag wohl
der zweite sein?

Begleitmaterial und Anregungen für den Unterricht

Wovon gibt es immer nur ein Stück? (Vorsicht, Falle!)

eine (leibliche) Mutter
ein Vater
~~ein Großvater~~
eine Sonne
eine Nase
ein Herz
eine Welt
ein schwarzes Schaf unter vielen weißen Schafen
ein Stück Sahnetorte für Tante Emmi (wegen der Figur)

Reime zum Nachsprechen und Spielen

Kommt eine Maus,
die baut ein Haus,
kommt ein Mückchen,
baut ein Brückchen,
kommt ein Floh,
der macht – so!

Der Floh „beißt" das Kind in die Nase. Man kann mit entsprechenden Gesten diesen Reim im Sitzkreis weiterreichen!

Hier ist ein Taler,
geh auf den Markt,
kauf dir eine Kuh,
ein Kälbchen dazu.
Kälbchen hat ein Schwänzchen,
dideldideldänzchen.

Beim Aufsagen mit dem Daumen deutlich eine „Eins" zeigen.

Wie man in anderen Sprachen sagt

Englisch	one
Französisch	un
Italienisch	uno
Spanisch	uno
Türkisch	bir

Können wir noch Beispiele aus weiteren Sprachen sammeln?

Erzählen und Fabulieren

- Die Reise des Talers
- Wir kaufen eine Kuh, damit wir täglich frische Milch haben
- Wie die Eins aus der Schule fortlief
- Das einzige schwarze Schaf

Name:

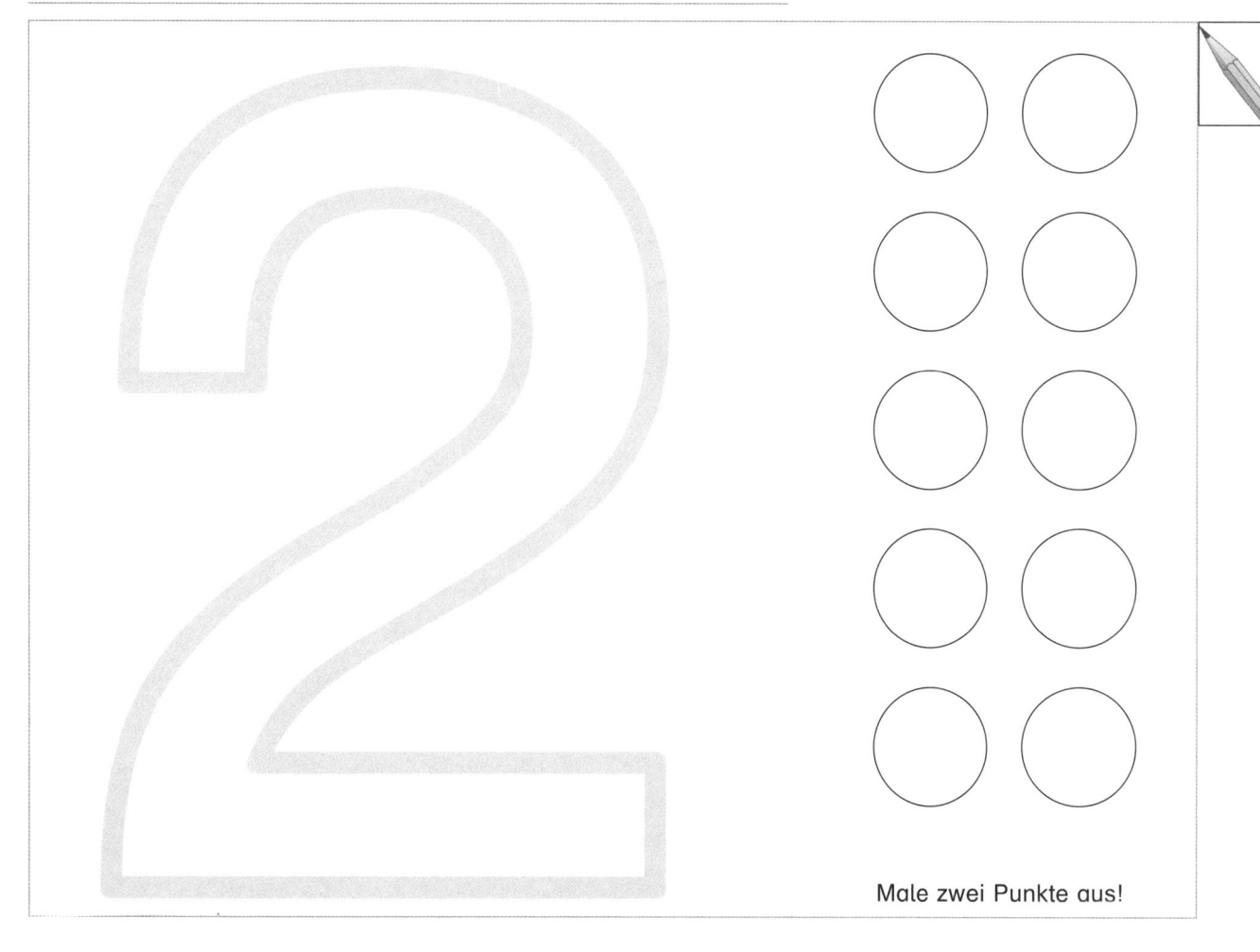

Male zwei Punkte aus!

2 2 2 2 2 2 2 2

2 2 2 2

**Zwei Mäuse
rennen über das Bett.
Das findet die Anna
gar nicht nett.**

Begleitmaterial und Anregungen für den Unterricht

2

Wovon gibt es immer zwei? (Vorsicht, Falle!)

Augen
Ohren
Nasenlöcher
Hände
~~Finger~~
Füße
große Zehen
zwei Reifen am Fahrrad
zwei Wellensittiche im Käfig (damit sie nicht so allein sind)

Reime zum Nachsprechen und Spielen

Es war einmal ein Mann,
der hatte keinen Kamm.
Da ging er hin und kauft sich einen,
schon hat er einen.
Da brach der Kamm, o wei!
Jetzt hat er zwei!

Reihum sprechen, dazu Handbewegungen machen und die Zahlen zeigen. (1, 2)

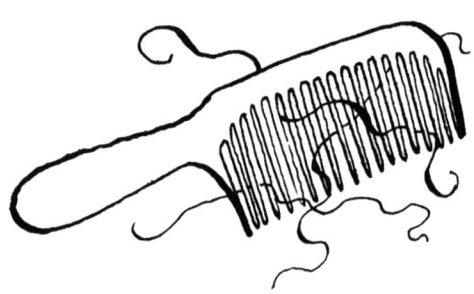

Wie man in anderen Sprachen sagt

Englisch	two
Französisch	deux
Italienisch	due
Spanisch	dos
Türkisch	iki

Können wir noch Beispiele aus weiteren Sprachen sammeln?

Erzählen und Fabulieren

- Die Geschichte von den zwei Mäusen in Annas Zimmer
- Zwei Sterne fallen vom Himmel
- Zwei Tage im Leben eines Regenschirms

Name: _____

Male drei Punkte aus!

3 3 3 3 3 3 3

3 3 3

Der Bäcker hat
drei Brötchen gebracht,
kurz nach Mitternacht.

Begleitmaterial und Anregungen für den Unterricht

Wovon gibt es manchmal drei Stück? (Vorsicht, Falle!)

drei gute Freunde
drei Regentage
drei schlaflose Nächte
drei Warzen auf der Nase
~~drei Ärmel an der Jacke~~
drei Regentropfen am Fenster
drei Farben an der Ampel
drei Ringe am Finger
aller guten Dinge sind drei

Reime zum Nachsprechen und Spielen

Auf einem See, See, See,
schwammen drei Reh, Reh, Reh,
wide wide wabb wabb wabb,
und du bist ab.

Dies ist ein Abzählreim. Wir können in der Gruppe mehrmals abzählen, wobei das abzählende Kind wechselt. Abzählreime sind gute Rhythmikübungen für das Zahlenverständnis!

Husch, Kätzchen, husch!
Dreimal um den Busch,
dreimal um die Kiefernbüsche,
Kätzchen, lass dich nicht erwische',
husch, Kätzchen, husch!

Auch diesen Reim können wir spielen: Jeweils ein Kind läuft dreimal um den Sitzkreis herum, während alle sprechen.

Wie man in anderen Sprachen sagt

Englisch	three
Französisch	trois
Italienisch	tre
Spanisch	tres
Türkisch	üc [ütsch]

Können wir noch Beispiele aus weiteren Sprachen sammeln?

Erzählen und Fabulieren

- Drei Freunde erleben ein Abenteuer
- Wie die Zahl Drei aus den Rechenbüchern verschwand
- Das Auto mit den drei Rädern

Name:

4

Male vier Punkte aus!

4 4 4 4 4 4 4

4 4 4 4

Es weinten einst
vier Nasenbären:
Wenn doch
die Nasen
kürzer
wären!

4

Begleitmaterial und Anregungen für den Unterricht

Wovon gibt es meist vier Stück? (Vorsicht, Falle!)

vier Schuljahre
vier Himmelsrichtungen
vier Reifen am Auto
vier Jahreszeiten
vier Elefantenbeine
~~vier Schneckenbeine~~
vier Zimmerecken
vier Sitze im Auto
vier Äpfel am Baum (es ist noch ein sehr kleines Bäumchen)

Reime zum Nachsprechen und Spielen

Eins, zwei, drei, vier,
eine Maus sitzt hinterm Klavier,
hinterm Klavier sitzt eine Maus,
die muss raus.

Auszählreim! Beim Sprechen und Zeigen wird das Rhytmusgefühl für Zahlen gestärkt.

Es war eine Mutter,
die hatte vier Kinder:
den Frühling, den Sommer,
den Herbst und den Winter.

Wie man in anderen Sprachen sagt

Englisch	four
Französisch	quatre
Italienisch	quattro
Spanisch	cuatro
Türkisch	dört

Können wir noch Beispiele aus weiteren Sprachen sammeln?

Erzählen und Fabulieren

- Die Geschichte von den vier traurigen Nasenbären
- Vom Schwein, das bis vier zählen konnte
- Vier Mäuse und eine Katze

Name: _____

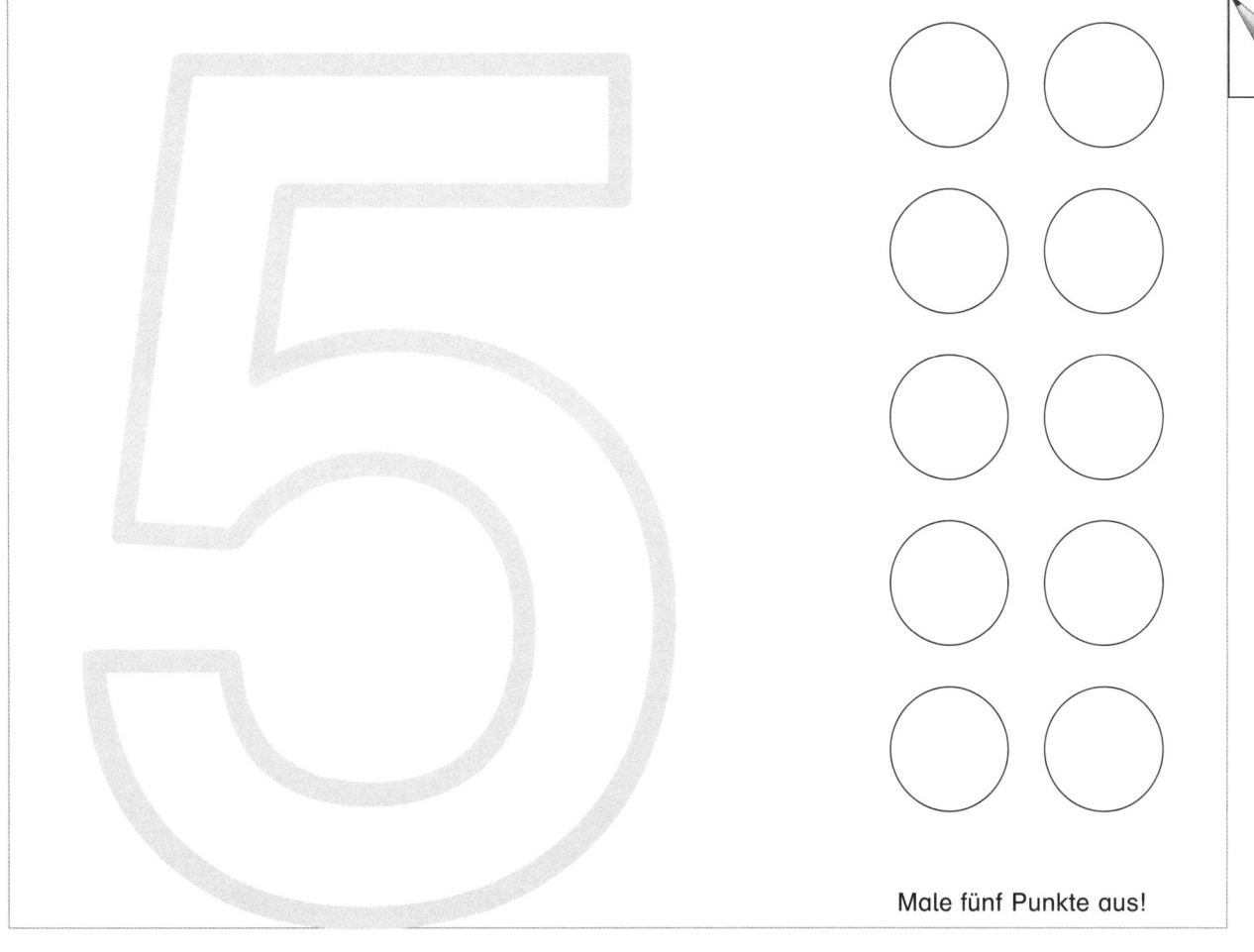

Male fünf Punkte aus!

5 5 5 5 5 5 5 5

5 5 5 5

Osterhase Franz hat für Frau Meier fünf bunte, große Ostereier.

Begleitmaterial und Anregungen für den Unterricht

Wovon gibt es manchmal fünf Stück? (Vorsicht, Falle!)

fünf reife Erdbeeren
fünf Spatzen am Futterhäuschen
~~fünf Fliegenbeine~~
fünf Knoten im Seil
fünf Stunden Warten am Flughafen
fünf Meter ist der Sprungturm im Bad hoch
fünf rote Rosen für Mama (von wem?)
fünf Knöpfe am Wintermantel
fünf Eiskugeln auf der Waffel (wenn das nur gutgeht!)

Reime zum Nachsprechen und Spielen

Wenn's Sauerkraut regnet
und Bratwürste schneit,
dann bitt' ich den Herrgott,
dass das Wetter so bleibt.
Doch nach fünf Wochen,
muss er was andres kochen.

Fünf und fünf macht zehn,
willst du mit mir gehn?
Zehn minus fünf ist fünfe,
zieh dir an die Strümpfe!

Wie man in anderen Sprachen sagt

Englisch	five
Französisch	cinq
Italienisch	cinque
Spanisch	cinco
Türkisch	bes [besch]

Können wir noch Beispiele aus weiteren Sprachen sammeln?

Erzählen und Fabulieren

- Wo der Osterhase die Eier versteckt hat
- Fünf Katzenkinder
- Der Tisch mit den fünf Beinen
- Was die Menschen um fünf Uhr morgens tun

Name: _____

Male sechs Punkte aus!

6 6 6 6

Sechs Schiffe schwimmen kreuz und quer, sie schwimmen übers weite Meer.

6

Begleitmaterial und Anregungen für den Unterricht

Wovon gibt es sechs Stück? (Vorsicht, Falle!)

sechs Wochen Sommerferien
sechs Eier im Karton
~~sechs Purzelbäume wachsen im Garten~~
sechs Kapitäne auf einem Boot (nanu?)
sechs Euro Taschengeld pro Woche
sechs Monate sind ein halbes Jahr
sechs Stunden Schlaf sind zu wenig
sechs Richtige im Lotto
sechs Schuhe sind drei Paar Schuhe

Reime zum Nachsprechen und Spielen

Kuckucksknecht,
sag mir recht,
wieviel Jahr ich leben soll.
Belüg mich nicht,
betrüg mich nicht,
sonst bist du der rechte Kuckuck nicht.
Kuckuck, Kuckuck ...

Wir lassen den Kuckuck oft rufen und zählen mit.

Wie man in anderen Sprachen sagt

Englisch   six
Französisch   six
Italienisch   sei
Spanisch   seis
Türkisch   alti

Können wir noch Beispiele aus weiteren Sprachen sammeln?

Erzählen und Fabulieren

- Wieso die Sechs krumm ist
- Sechs Stunden allein zu Haus
- Mein sechster Geburtstag
- Sechs Schiffe auf dem Meer

Name: _____

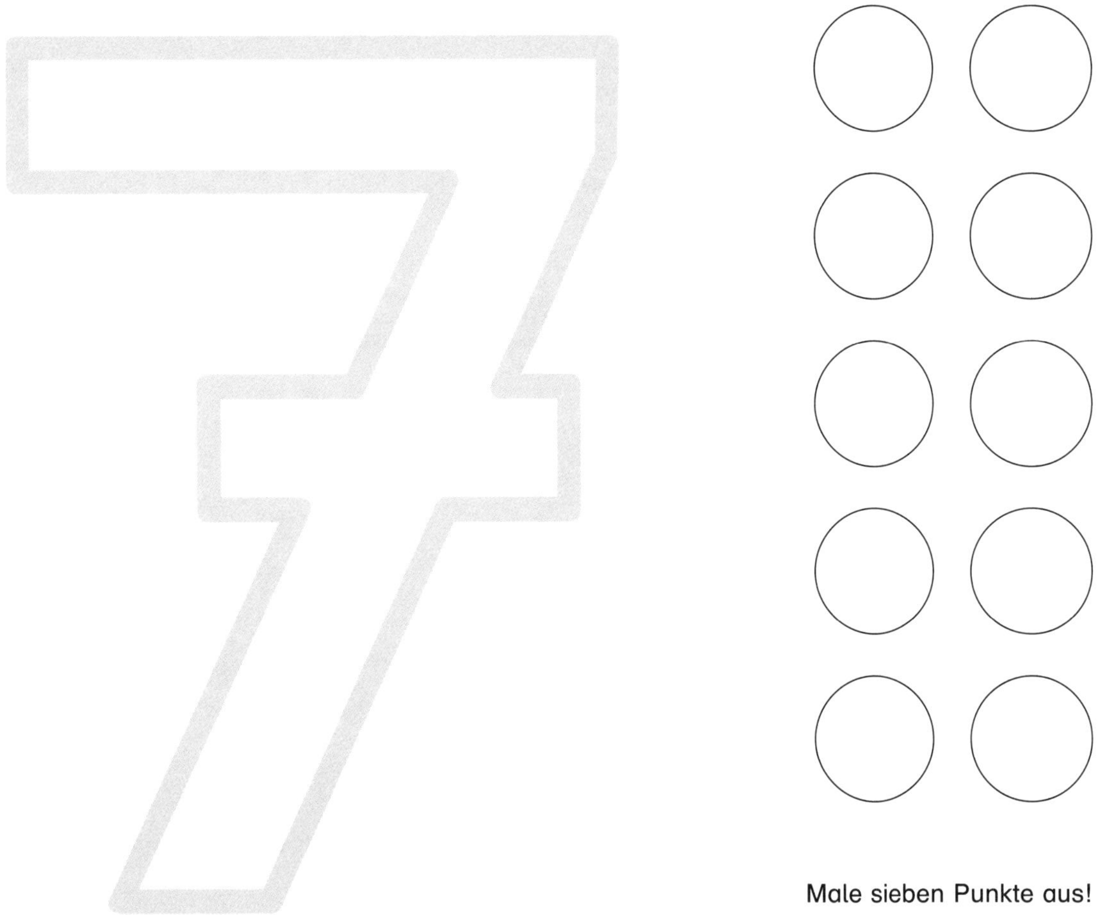

Male sieben Punkte aus!

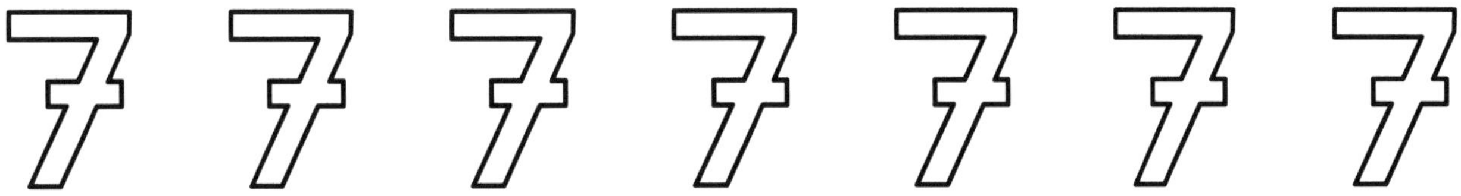

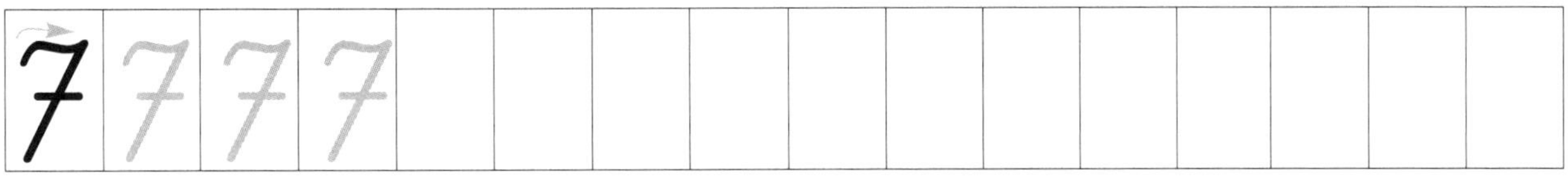

7 7 7 7 7 7 7 7

7 7 7 7

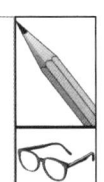

**Ein Elefant geht über die Brücke.
Da bricht die Brücke
in** sieben **Stücke.**

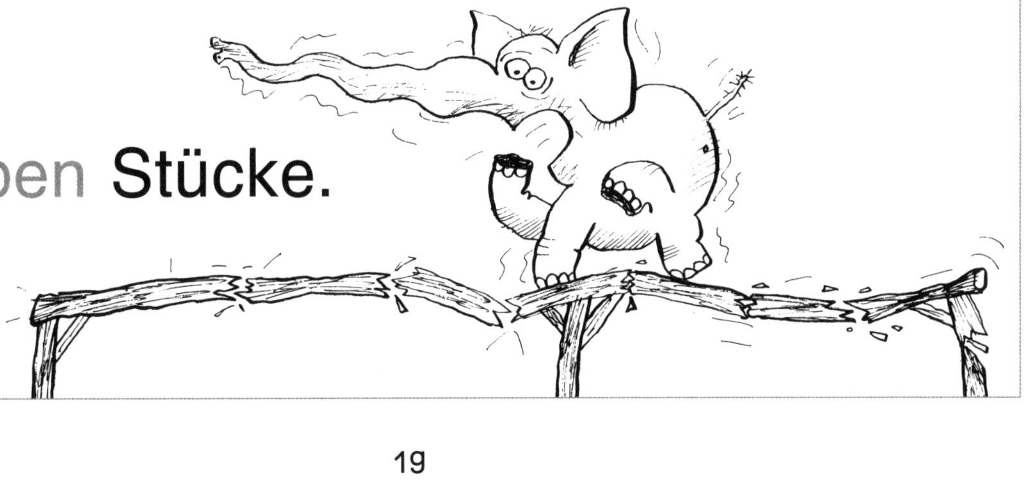

Begleitmaterial und Anregungen für den Unterricht

7

Wovon gibt es sieben Stück? (Vorsicht, Falle!)

sieben Raben im Märchen
sieben Zwerge hinter sieben Bergen
sieben gelbe Nelken
sieben fette Jahre
sieben Schmetterlinge im Garten
~~sieben Sommermonate~~
die böse Sieben (weshalb nur?)
sieben Tage sind eine Woche
eins, zwei, drei, vier, fünf, sechs, sieben ... (wie geht es weiter?)

Reime zum Nachsprechen und Spielen

Es war einmal ein Mann,
der hatte sieben Söhne.
Die sieben Söhne sprachen:
Vater, erzähl uns eine Geschichte!
Da fing der Vater an:

Es war einmal ein Mann,
der hatte sieben Söhne

Diesen Reim reichen wir im Kreis herum: Jedes Kind fängt von vorne an! Gut artikuliert sprechen!

Sieben dumme Düsseldorfer Detektive liefen hinter sieben nudeldicken Dackeln her.
Doch die sieben nudeldicken Dackel schlüpften in ein Loch, und die sieben dummen Düsseldorfer Detektive suchen immer noch.

Wer kann das schnell und ohne Fehler sprechen?

Wie man in anderen Sprachen sagt

Englisch   seven
Französisch sept
Italienisch sette
Spanisch   siete
Türkisch   yedi

Können wir noch Beispiele aus weiteren Sprachen sammeln?

Erzählen und Fabulieren

- Das siebte Entchen
- Der Fliegenpilz mit sieben Punkten
- Schneewittchen und die sieben Zwerge
- Meine Glückszahl ist sieben

Name:

8

Male acht Punkte aus!

8 8 8 8 8 8 8

𝒈 𝒈 𝒈

Acht Spatzen
auf der langen Leiter,
wissen leider
nicht mehr
weiter.

Begleitmaterial und Anregungen für den Unterricht

8

Wovon kann es acht Stück geben? (Vorsicht, Falle!)

acht Löcher im Strumpf
acht Löcher im Schweizer Käse
acht Geschwister
acht Spinnenbeine
~~acht Fliegenbeine~~
acht leere Seiten im Schulheft
acht Kilometer zu Fuß gehen
acht neue Pullis kaufen
acht Finger in die Suppe stecken

Reime zum Nachsprechen und Spielen

Morgens früh um sechs
kommt die kleine Hex';
morgens früh um sieben
schabt sie gelbe Rüben;
morgens früh um acht
wird der Kaffee gemacht.

Wie man in anderen Sprachen sagt

Englisch	eight
Französisch	huit
Italienisch	otto
Spanisch	ocho
Türkisch	sekiz

Können wir noch Beispiele aus weiteren Sprachen sammeln?

Erzählen und Fabulieren

- Wie die Acht der Achterbahn ihren Namen gab
- Warum Karin die acht Stockwerke zu Fuß hinaufgeht
- Das komische Kamel mit den acht Hökern

22

Name: _____

9

Male neun Punkte aus!

9 9 9 9 9 9 9 9

9 9 9 9

Lisa schleppt
neun Taschen
mit vollen
Wasserflaschen.

Begleitmaterial und Anregungen für den Unterricht

9

Wovon hast du niemals neun Stück?

neun Mamas
neun Finger an der linken Hand
neun Ohren
neun Nasenlöcher
neun Millionen Euromünzen
neunmal Geburtstag im Jahr
neun Zahnbürsten
neun Regenschirme unter dem Bett (das würden auch neun Mamas nicht erlauben ...)

Reime zum Nachsprechen und Spielen

Es geht eine Zipfelmütz
in unserem Kreis herum.
Widebum!
Dreimal drei ist neune,
ihr wisst ja, wie ich's meine,
dreimal drei und eins ist zehn,
Zipfelmütz, bleib stehn, bleib stehn!

Wir reichen eine Mütze im Kreis herum und sprechen jeweils abwechselnd oder im Chor.

Wie man in anderen Sprachen sagt

Englisch	nine
Französisch	neuf
Italienisch	nove
Spanisch	nueve
Türkisch	dokuz

Können wir noch Beispiele aus weiteren Sprachen sammeln?

Erzählen und Fabulieren

- Die Reise über neun Berge und neun Täler
- Vom Zwerg, der neunmal NEIN sagte
- Wie aus der Neun eine Sechs wurde
- Inge Neunmalklug

Name: _____

10

Male zehn Punkte aus!

10 10 10 10

10 *10*

Bauer Noltes Pflaumenbaum trägt zehn Bananen, man glaubt es kaum.

Begleitmaterial und Anregungen für den Unterricht

Wovon kann es zehn Stück geben? (Vorsicht, Falle!)

zehn Bananen
zehn kleine Negerlein
zehn Stunden Schlaf
zehn Frösche im Teich
zehn hohe Berggipfel
zehn Wochen Sonnenschein
~~zehn Eiskugeln auf der Waffel~~
zehn Minuten Verspätung
zehn Tintenkleckse im Heft

Reime zum Nachsprechen und Spielen

Zehn, zwanzig, dreißig,
Mädchen, du bist fleißig.
Vierzig, fünfzig, sechzig,
Mädchen, du bist prächtig.
Siebzig, achtzig, neunzig,
Mädchen, du bist einzig.
Hundert, tausend, 'ne Million,
Mädchen, du verdienst die Kron!

Statt „Mädchen" in einer zweiten Runde „Junge" einsetzen!

Wie man in anderen Sprachen sagt

Englisch   ten
Französisch dix
Italienisch dieci
Spanisch   diez
Türkisch   on

Können wir noch Beispiele aus weiteren Sprachen sammeln?

Erzählen und Fabulieren

- Woher die zehn Bananen auf dem Pflaumenbaum kamen
- Zehn Affen in der Stadt
- Hertha hat zehn Tage immer nur Pech
- Ein Zehn-Minuten-Traum

Besuch

War ein Ries' bei mir zu Gast,
sieben Meter maß er fast,
hat er nicht ins Haus gepasst,
saßen wir im Garten.

Weil er gar so riesig war,
saßen Raben ihm im Haar,
eine ganze Vogelschar,
die da schrieen und schwatzten.

Er auch lachte laut und viel,
und dann schrieb er mir zum Spiel
– Bleistift war ein Besenstiel –
seinen Namen nieder.

Und er schrieb an einem Trumm*:
MUTAKIRORIKATUM.
ebenso verkehrt herum,
ja, so hieß der Gute.

Falls ihr einen Riesen wisst,
dessen Namen also ist
und der sieben Meter misst,
sagt, ich lass ihn grüßen!

Josef Guggenmos

* an einem Trumm = an einem Stück

Schneide die Bilder auf Seite 31 sorgfältig aus und klebe sie an die richtigen Stellen!

1 — Da liegt ein Schuh, so ganz allein. Wo mag wohl der zweite sein?

2 — Zwei Mäuse rennen über das Bett. Das findet die Anna gar nicht nett.

3 — Der Bäcker hat drei Brötchen gebracht, kurz nach Mitternacht.

4 — Es weinten einst vier Nasenbären: Wenn doch die Nasen kürzer wären!

5 — Osterhase Franz hat für Frau Meier fünf bunte, große Ostereier.

Schneide die Bilder auf Seite 31 sorgfältig aus und klebe sie an die richtigen Stellen!

6 — Sechs Schiffe schwimmen kreuz und quer, sie schwimmen übers weite Meer.

7 — Ein Elefant geht über die Brücke. Da bricht die Brücke in sieben Stücke.

8 — Acht Spatzen auf der langen Leiter, wissen leider nicht mehr weiter.

9 — Lisa schleppt neun Taschen mit vollen Wasserflaschen.

10 — Bauer Noltes Pflaumenbaum trägt zehn Bananen, man glaubt es kaum.

Ausschneidebogen

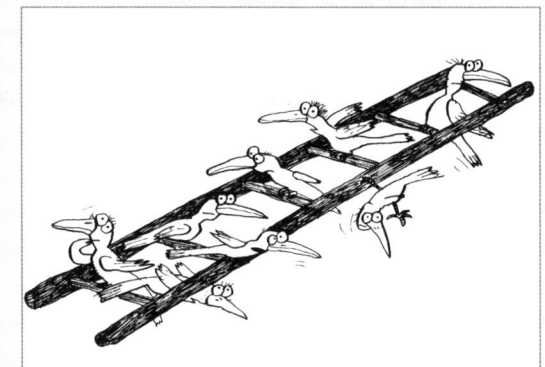

Stolz Verlag

Schneidhausener Weg 52, 52355 Düren, Tel. (02421) 5 79 79   info@stolzverlag.de

Sachfächer

Themenhefte mit leicht verständlichen Texten zum sinnerfassenden Lesen und Lernen; mit Arbeitsanweisungen:

Das Wetter ab 2. Sj.   Best.-Nr. 042

Blumen am Wegrand
Minitexte ab 2. Sj.   Best.-Nr. 043

Jahreszeiten kennenlernen
ab 3. Sj.   Best.-Nr. 237

Indianer ab 2. Sj.   Best.-Nr. 249

Sonne, Mond und Sterne
ab 4. Sj.   Best.-Nr. 081

Der elektrische Strom
ab 4. Sj.   Best.-Nr. 117

Europa kennenlernen
ab 4. Sj.   Best.-Nr. 084

Weltreligionen ab 3. Sj.   Best.-Nr. 075

Vom Getreide zum Brot
ab 3. Sj.   Best.-Nr. 080

Gesunde Ernährung   Best.-Nr. 135

Unsere Sinne ab 4. Sj. Best.-Nr. 179

Ritter und Burgen   Best.-Nr. 125

Steinzeitmenschen   Best.-Nr. 516

Die Römer ab 4. Sj.   Best.-Nr. 520

Deutsch

Aufsatz-Trainer 3.- 5. Sj. Best.-Nr. 066

Der Schneemann im Kühlschrank (Bildergeschichten)
3. bis 5. Schuljahr   Best.-Nr. 143

Mini-Bildergeschichten ab 2. Sj.
Wortschatz erweitern   Best.-Nr. 144

Lesen, Verstehen, Schreiben
Förderunterricht Deutsch
ab 2. Schuljahr   Best.-Nr. 103

Knack den Satzkern! ab 3. Sj.
Satzteilbestimmung   Best.-Nr. 099

Satzbau Blödelmeister
Grammatik-Spiel   Best.-Nr. 162

Grammatik kinderleicht ab 4. Sj.
Grundlagenwissen   Best.-Nr. 248

Grammatikstunde 5. bis 10. Sj.
Übungen und Lösungen   Best.-Nr. 062

Leseübungen für jeden Tag
ab 2. Schuljahr   Best.-Nr. 232

Zehn Minuten täglich üben
Kurzweiliges Übungsprogramm
ab 5. Schuljahr   Best.-Nr. 210

5-Minuten-Diktate

Beim Üben mit diesen Heften fassen auch rechtschreibschwache Schüler wieder Mut.

2. Schuljahr	Best.-Nr. 017
3. Schuljahr	Best.-Nr. 018
4. Schuljahr	Best.-Nr. 019
5. Schuljahr	Best.-Nr. 020
6. Schuljahr	Best.-Nr. 021
7. Schuljahr	Best.-Nr. 052

Lesetraining

Sinnerfassendes Lesen üben mit humorvollen Texten. Mit Selbstkontrolle.

1. Schuljahr	Best.-Nr. 031
2. Schuljahr	Best.-Nr. 032
3. Schuljahr	Best.-Nr. 033
4. Schuljahr	Best.-Nr. 034
5. Schuljahr	Best.-Nr. 035
6. Schuljahr	Best.-Nr. 036
7. Schuljahr	Best.-Nr. 037
8./9. Schuljahr	Best.-Nr. 287

Sachtexte lesen & verstehen
ab 5. Schuljahr   Best.-Nr. 106

Mufti, der kleine freche Dino
Taschenbuch   Best.-Nr. 231
Literaturblätter   Best.-Nr. 209

Für Lehrer

Berichtszeugnisse
Textbausteine für die Grundschule
    Best.-Nr. 201

Unterrichts-Check-Up
für Lehrproben; Wie bereite ich erfolgreichen Unterricht vor?   Best.-Nr. 200

Dem Lernen einen Sinn geben
Nachdenken über eine bessere Lern- und Erziehungskultur   Best.-Nr. 236

Wer hat das Sagen in deutschen Klassenzimmern?
Von der Entmündigung des Lehrers
    Best.-Nr. 226

Das friedliche Klassenzimmer
Das Buch für die Pflege der Seelenhygiene von Lehrern wie Schülern; für alle Schulstufen geeignet   Best.-Nr. 204

Rituale der Stille
Lernbereitschaft in der Schulklasse
Für alle Altersstufen   Best.-Nr. 347

Besser zuhören, besser lernen
Übungen und Spiele für alle Altersstufen; Schule, Therapie, Nachhilfe   Best.-Nr. 010

Konzentration / Entspannung
Heitere und besinnliche Spiele mit unserer Sprache; ab 5. Schuljahr   Best.-Nr. 003

Gedächtnisübungen & Lernstrategien ab 5. Schuljahr
Wie lernt man am besten? Lern- und Merkstrategien   Best.-Nr. 005

Bestell-Coupon

Ja, bitte senden Sie mir (uns) gegen Rechnung folgende Artikel:

Bestell-Anschrift:

Stolz Verlag
Stuttgarter Verlagskontor SVK GmbH
Postfach 106016   70049 Stuttgart
Tel. (07 11) 66 72-12 16
Fax (07 11) 66 72-19 74
Internet-Shop: www.stolzverlag.de

Artikel-Nummern hier eintragen:

Meine Anschrift:

Vorname, Name

Straße

PLZ/Ort

Datum/Unterschrift

☐ Bitte schicken Sie mir Ihren kostenlosen aktuellen Katalog!

Dies ist nur ein kleiner Teil unseres Programms. Wenn Sie Lernhilfen zu Deutsch, Mathematik, Englisch usw. suchen, so fordern Sie unseren kostenlosen Katalog an!